우리 몸을 구석구석 여행하는 **신비한 의학 교실**

키즈 유니버시티
KIDS UNIVERSITY

"BABY MEDICAL SCHOOL: MY DOCTOR'S VISIT"

병원에 가요!

카라 플로렌스·존 플로렌스 지음 | 정회성 옮김

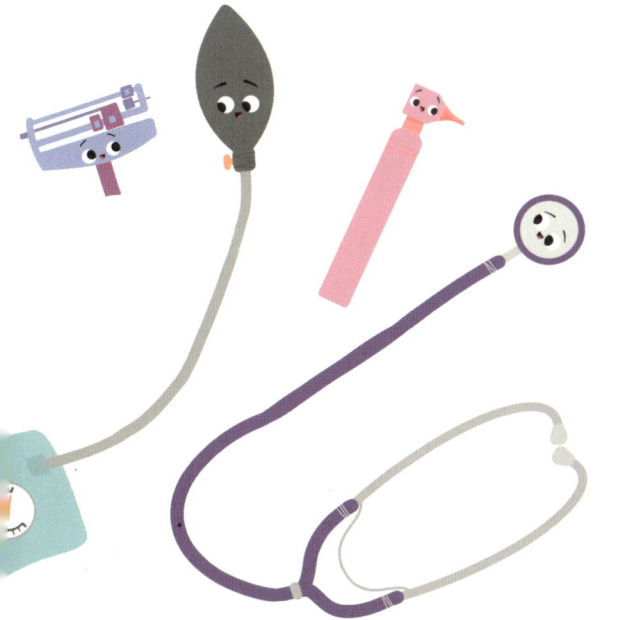

함께 **병원**에 가요! 병원에 가면 의사 선생님과 간호사 선생님이 우리 몸 곳곳을 검사할 거예요. 검진을 받는 것은 우리가 **행복**하고 **건강**하게 자라기 위해 꼭 필요한 일이랍니다.

의사 선생님과 간호사 선생님이 우리 몸의 어느 곳을 검사하는지 알아볼까요?

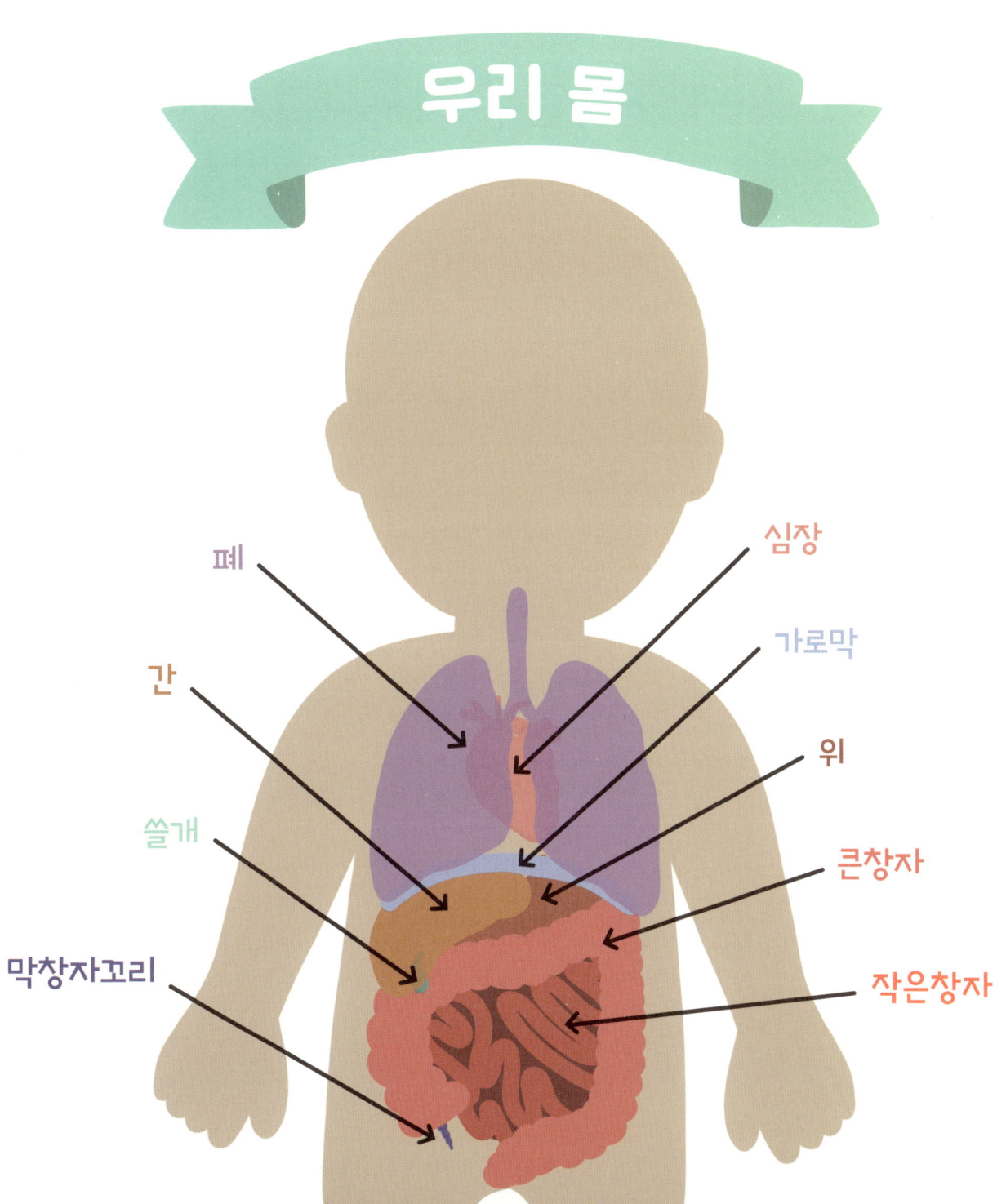

병원에 가면 먼저 여러분의 **키**와 **몸무게**를 잴 거예요. 어린이들은 키와 몸무게가 서로서로 달라요. 하지만 우리 모두 무럭무럭 잘 자라고 있답니다.

의사 선생님은 우리가 나이에 맞게 잘 자라고 있는지 살펴요.

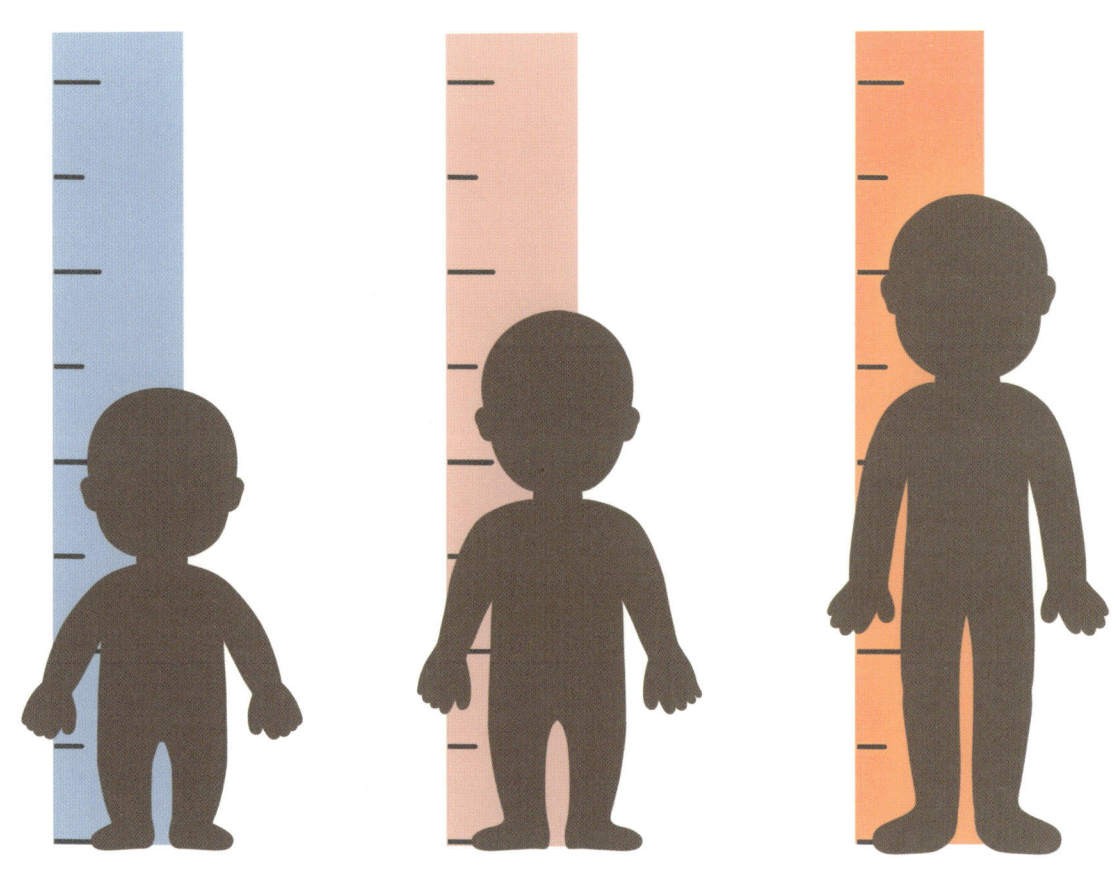

의사 선생님이 우리와 우리 부모님에게 이것저것 물어볼 거예요.

잠은 잘 자나요?

운동을 알맞게 하나요?

음식을 가리지 않고 골고루 먹나요?

모든 것이 **건강하게** 잘 자라기 위해 꼭 필요한 일이랍니다!

의사 선생님이 **청진기**를 우리 가슴에 대고 소리를 들을 거예요. 우리가 숨을 들이마시고 내쉴 때 **폐**에서 작은 소리가 나거든요.

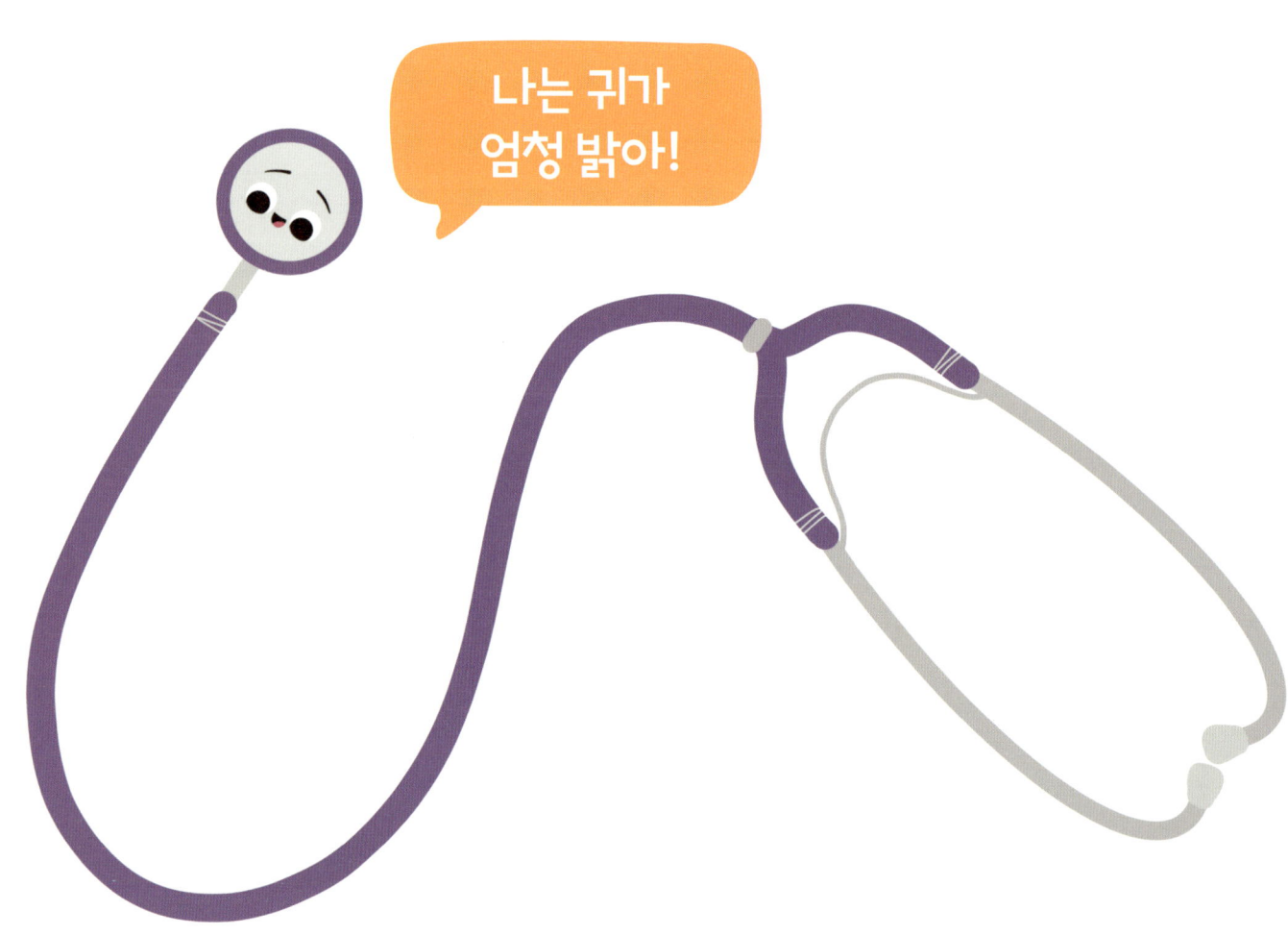

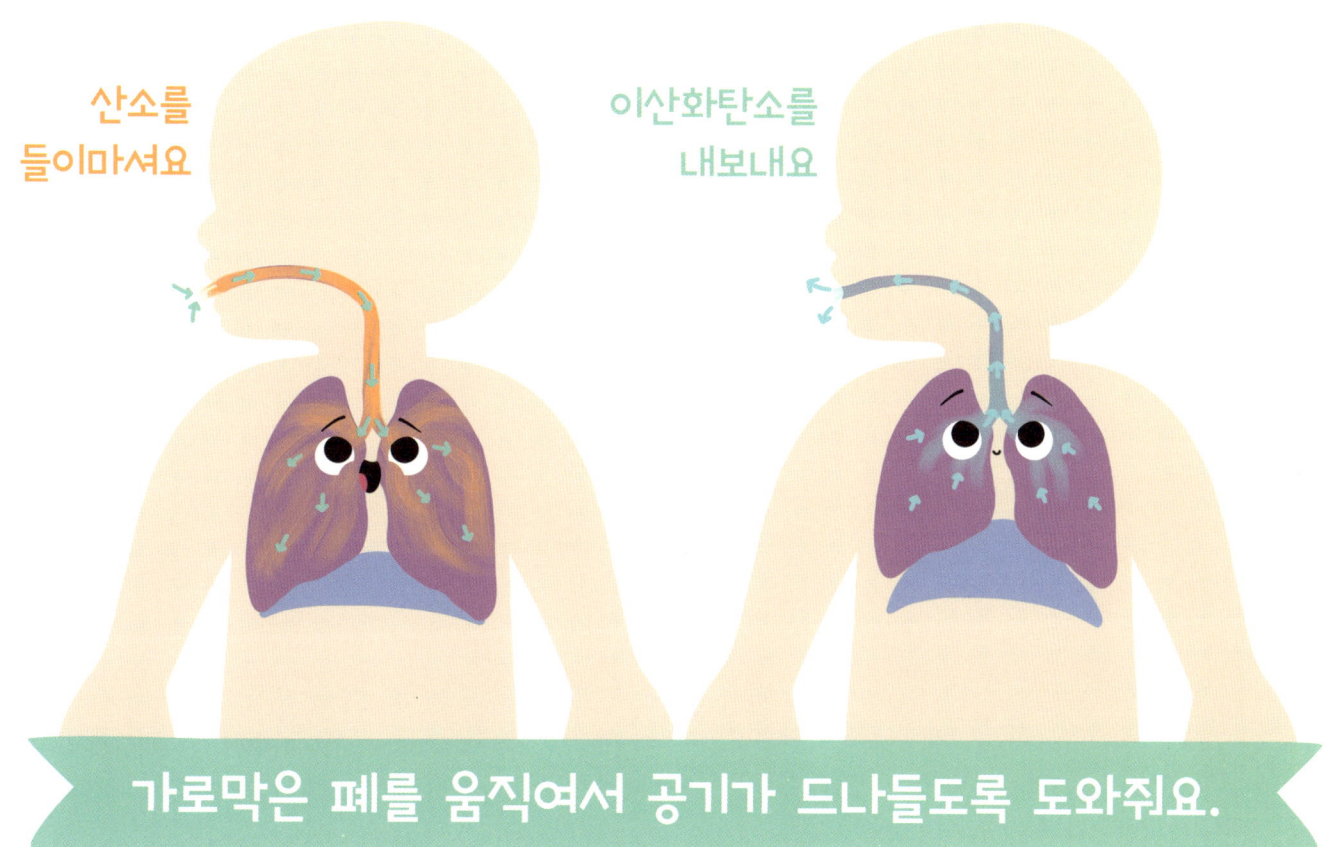

폐는 마치 풍선처럼 생겼어요. 폐는 우리가 숨을 쉴 때 **산소**를 들이마시고, **이산화탄소** 같은 찌꺼기를 몸 밖으로 내보내요.

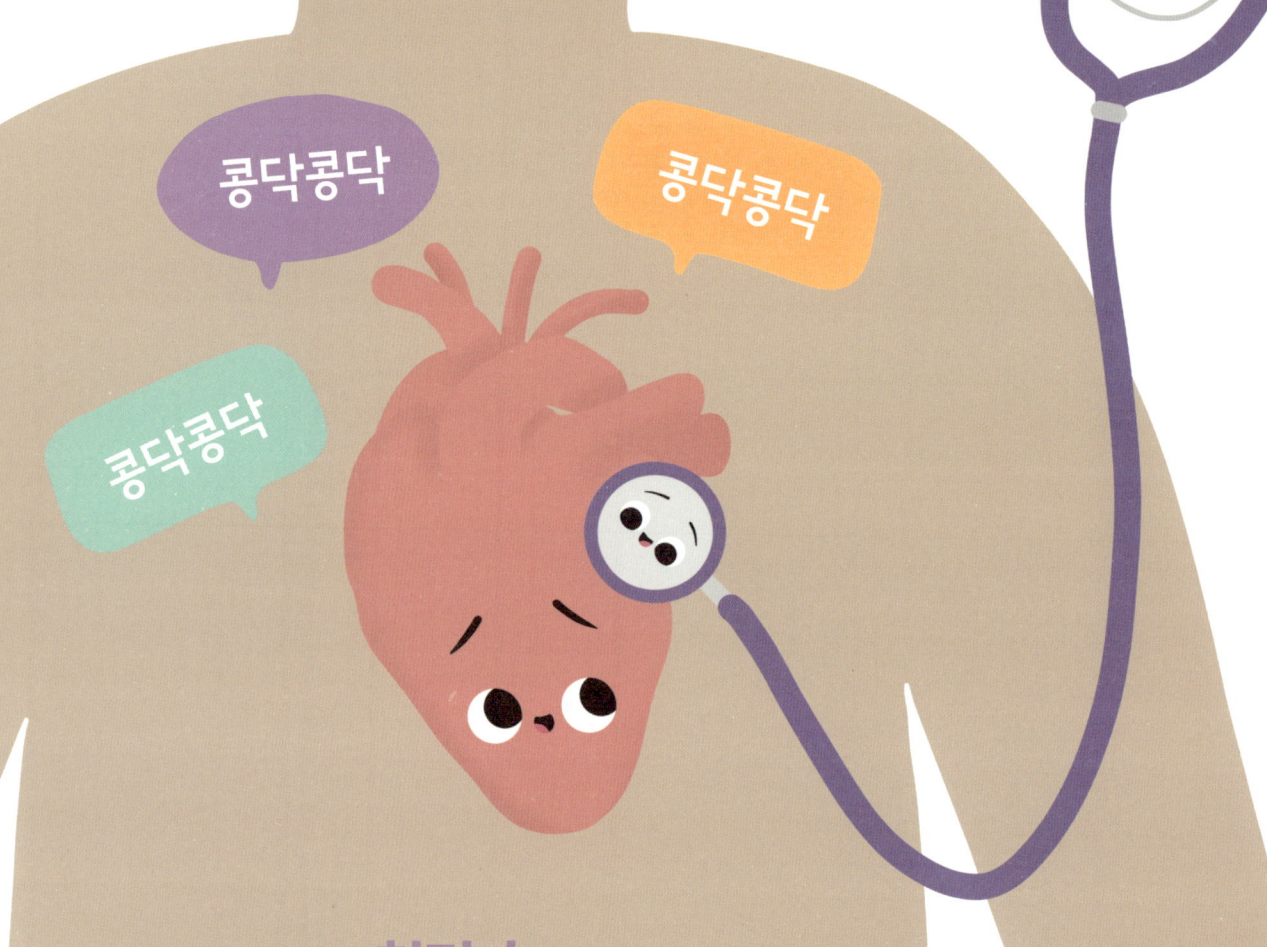

의사 선생님은 **청진기**로
심장이 뛰는 소리도 들을 거예요.
지금 **가슴**에 손을 얹어 볼래요?
콩닥콩닥 심장이 뛰는 게
느껴질 거예요!

의사 선생님은 이렇게 심장 소리를 들으면서 **피**가 심장으로 잘 들어오고 나가는지 살펴요. 피가 들어오고 나가는 길은 꽤 복잡하답니다!

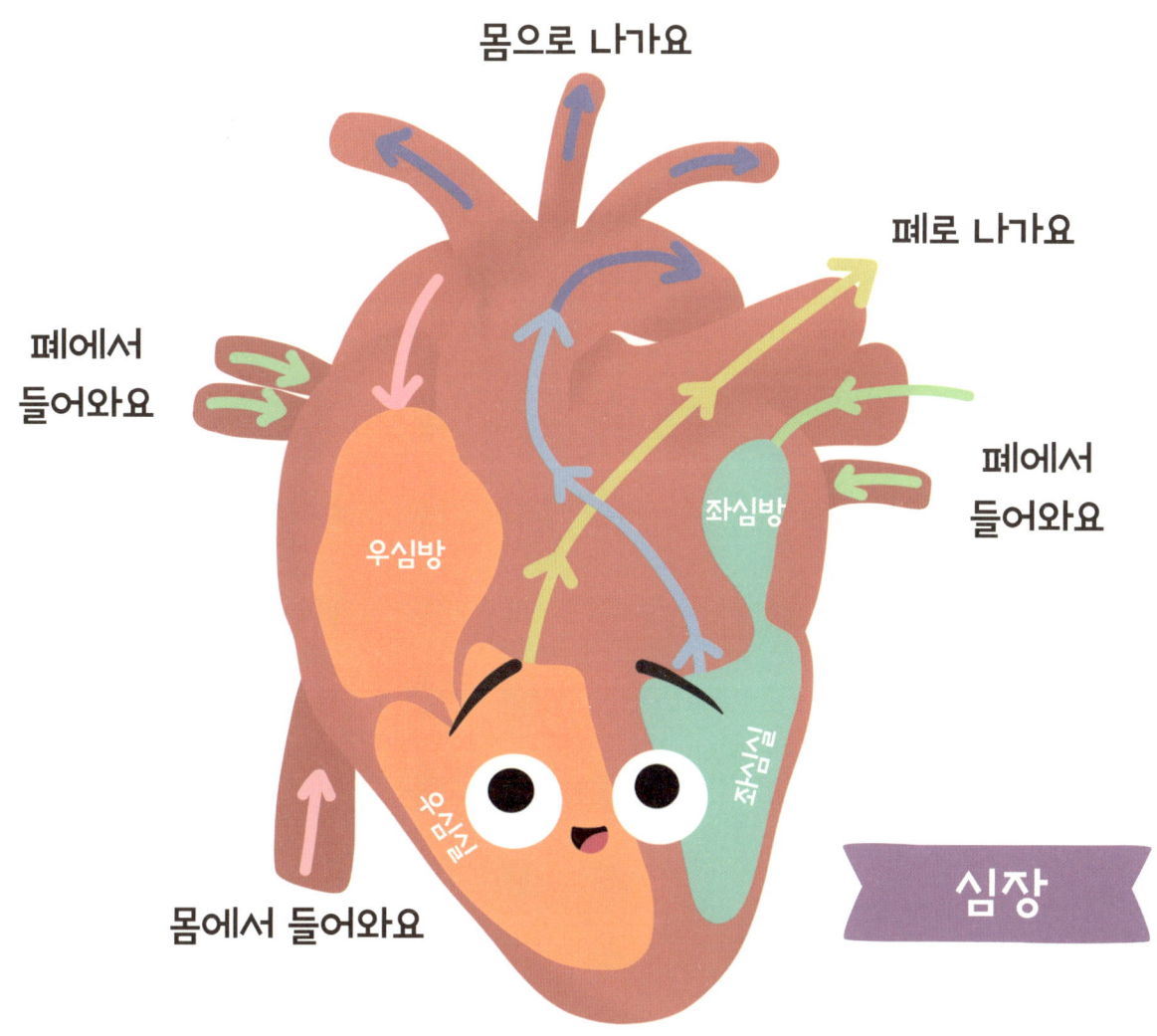

의사 선생님이나 간호사 선생님이 밴드를 우리 팔에 감을 거예요. 그러고는 밴드가 팔을 꽉 조일 때까지 밴드에 공기를 넣은 다음, **천천히** 공기를 뺄 거예요. 밴드가 꽉 조여도 아프지 않으니까 걱정하지 마세요!

혈압을 재는 이 기구를 **혈압계**라고 해요. 혈압이란 심장에서 피를 펌프질해 밀어낼 때 혈관에 생기는 압력이에요. 혈압계는 심장이 피를 얼마나 잘 밀어내고 있는지 확인하는 데 도움을 준답니다.

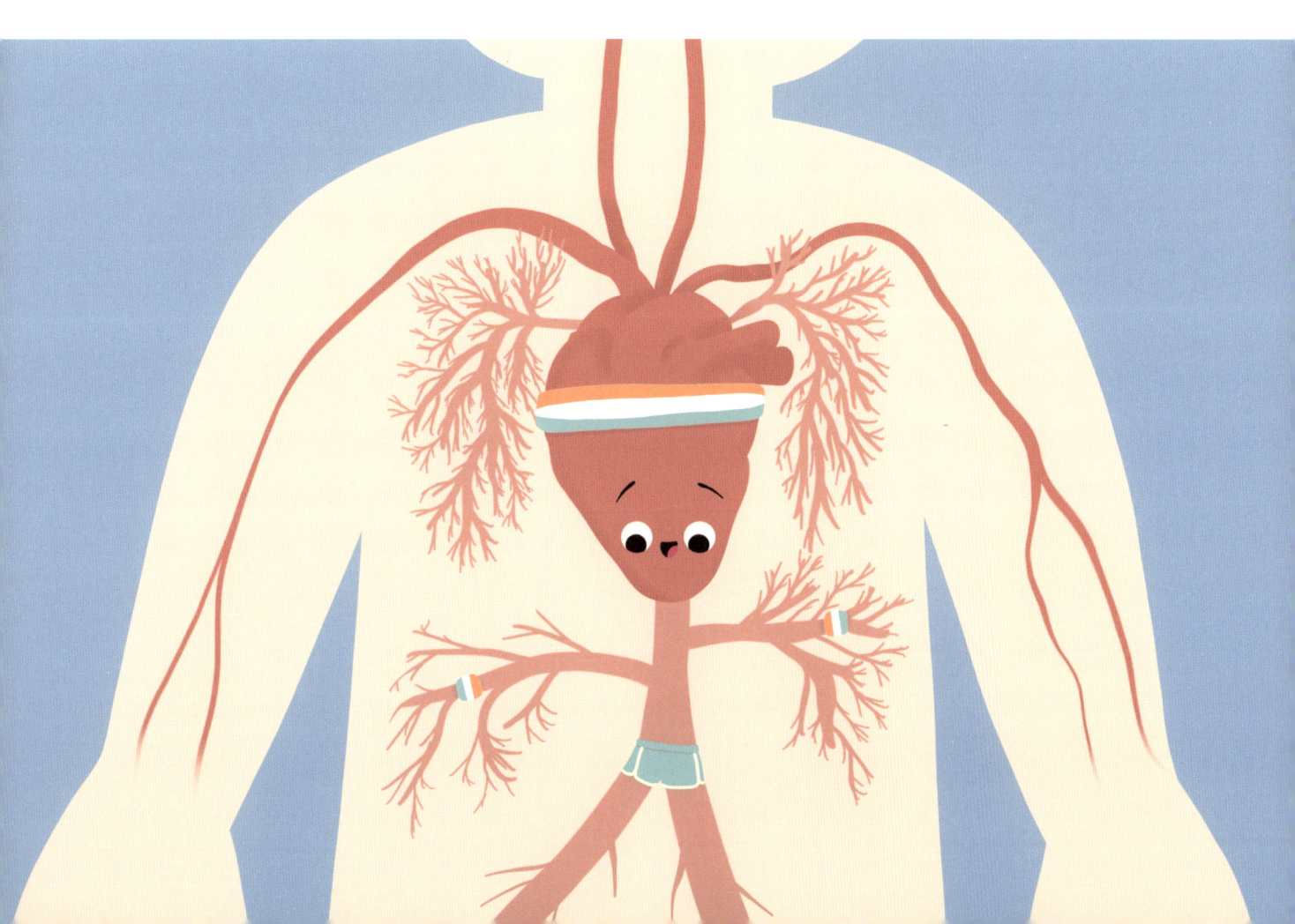

폐와 심장과 피는 산소를 몸 곳곳으로 나르기 위해 **함께 일해요.**

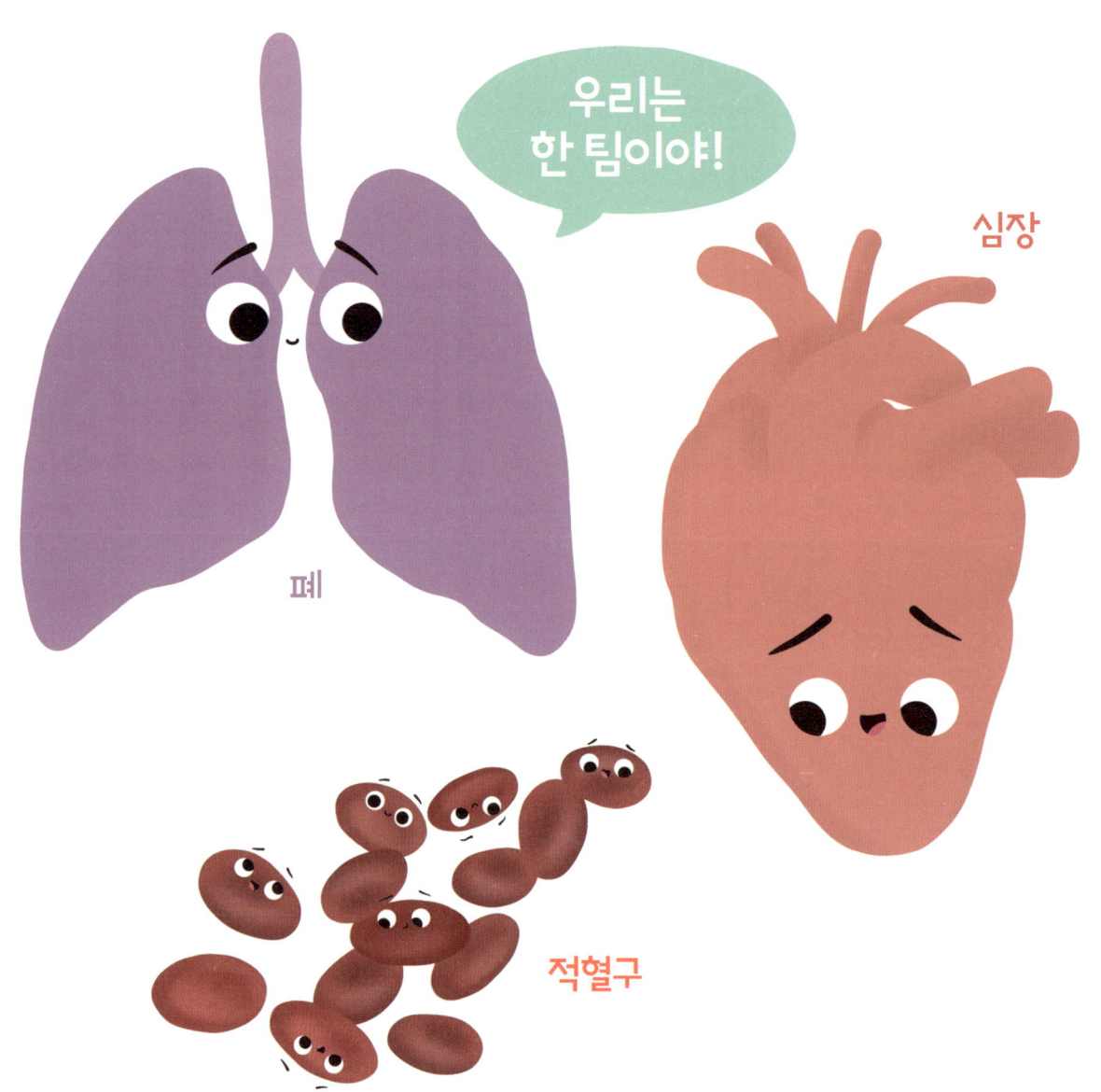

피는 폐를 지나면서 **산소**를 흠뻑 빨아들여요.

심장은
산소를 빨아들인 피가
우리 몸 곳곳으로
퍼지도록 밀어내요.

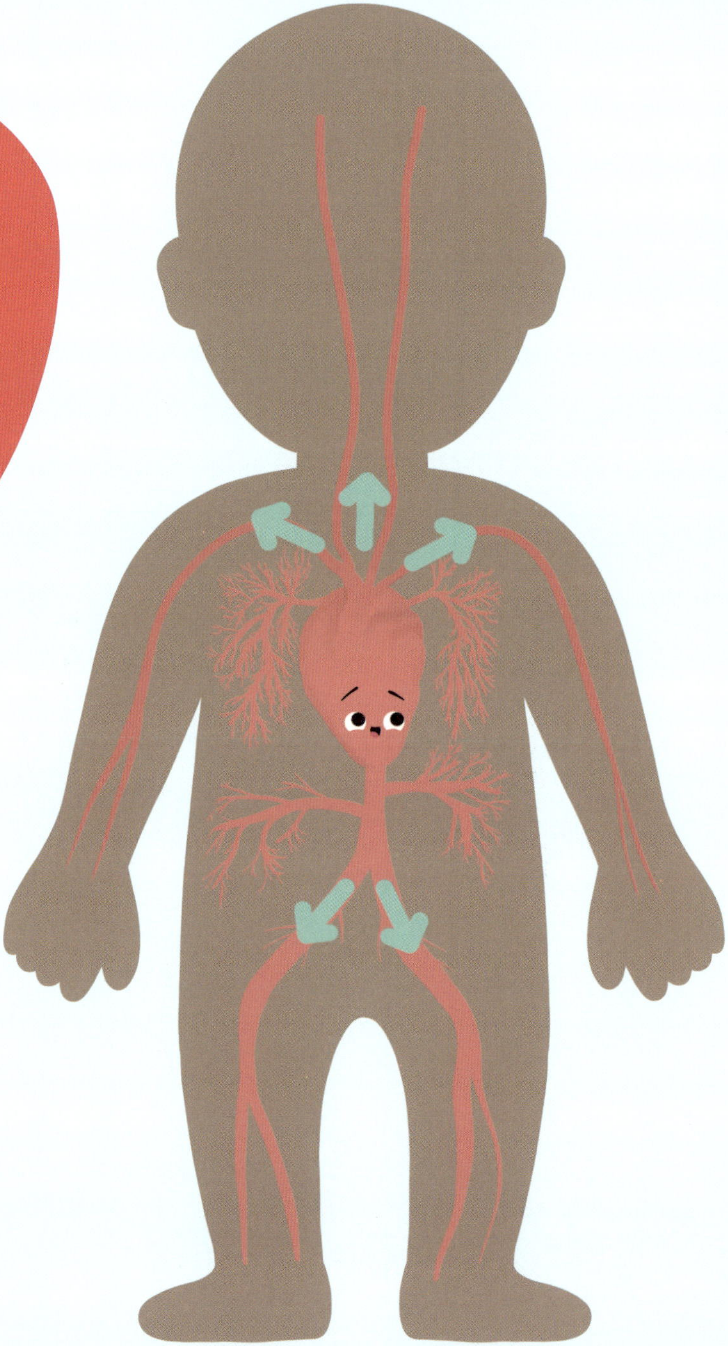

산소는 우리가 움직이는 데 필요한 **에너지**를 만드는 데 도움을 주지요!

의사 선생님은 우리의 **귀**와 **코**와 **입**과 **눈**을 꼼꼼히 살펴요. 여러분이 병균에 감염되었는지, 또 이상한 부분은 없는지를 확인하려는 거예요.

의사 선생님은 우리 **배** 속에 있는 간, 위, 창자 같은 기관도 살필 거예요. 이런 **기관들**은 우리가 먹은 음식에서 영양분을 빨아들여 피로 보내는 일을 한답니다!

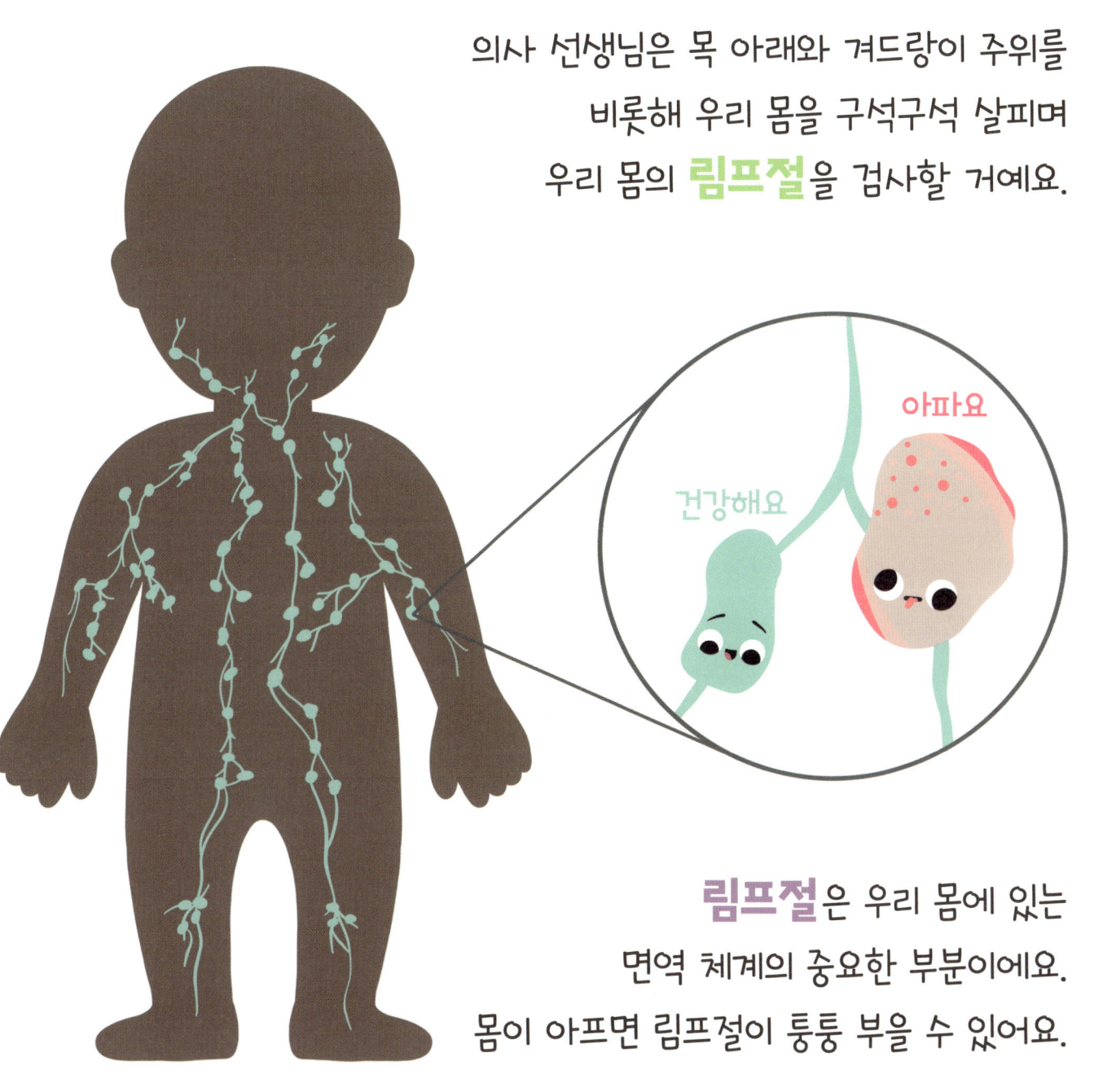

건강 검진이 끝나면 의사 선생님이나
간호사 선생님이 **백신** 주사를 놓을 수도 있어요.
백신은 나쁜 세균이 우리를 아프게 하지 못하도록 대비하는 역할을 해요.
아주 잠깐 따끔할 뿐이니까 너무 겁먹지 마세요!

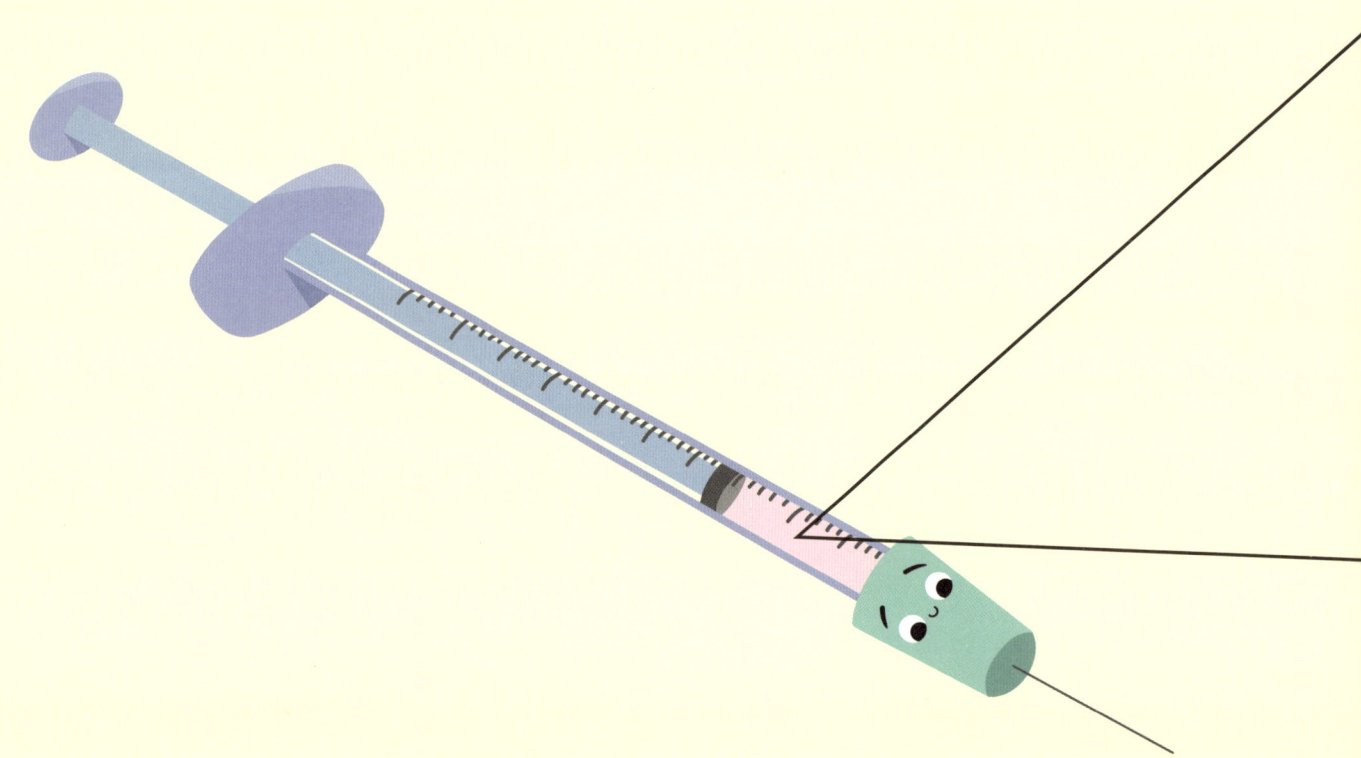

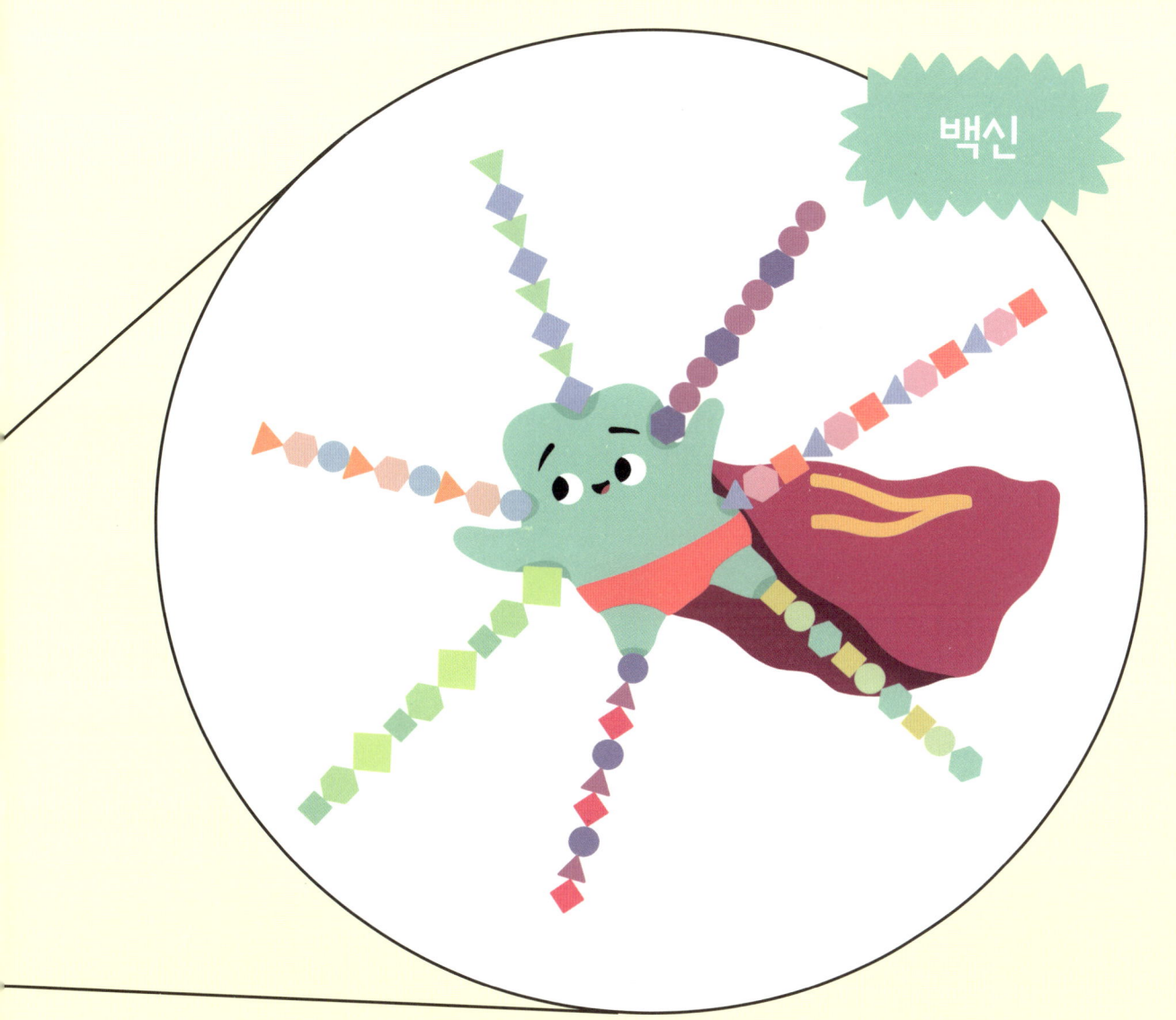

숨을 한 번 깊이 들이마신 뒤에 이렇게 생각해 봐요!
그럼 **용기**가 날 거예요. "내 몸을 **건강하게** 지키기 위해 맞는 거야!"

건강 검진을 받으러 병원에 가는 건 아주 재미있는 일이에요. **우리 몸**에 대해 많은 것을 배울 수 있고, 우리가 몸을 잘 돌본다는 **자부심**도 느낄 수 있어요!

병원에 가요!

초판 1쇄 발행 2023년 11월 15일

지은이 카라 플로렌스·존 플로렌스　옮긴이 정회성
펴낸이 김현태　펴낸곳 책세상어린이　등록 2021년 1월 22일 제2021-000032호
주소 서울시 마포구 잔다리로 62-1, 3층(04031)　전화 02-704-1251　팩스 02-719-1258
이메일 editor@chaeksesang.com　광고·제휴 문의 creator@chaeksesang.com
홈페이지 chaeksesang.com　페이스북 /chaeksesang　트위터 @chaeksesang
인스타그램 @chaeksesang　네이버포스트 bkworldpub

ISBN 979-11-5931-790-3 74080
ISBN 979-11-5931-969-3 (세트)

잘못되거나 파손된 책은 구입하신 서점에서 교환해 드립니다.
책값은 뒤표지에 있습니다.
책세상어린이는 도서출판 책세상의 아동·청소년 브랜드입니다.
전 연령의 어린이에게 적합한 도서입니다. Printed in Korea

All rights reserved
including the right of reproduction in whole or in part in any form.
This edition published by arrangement with Sourcebooks, LLC.
This Korean translation published by arrangement with
Chris Ferrie in care of Sourcebooks, LLC through Alex Lee Agency ALA.

이 책의 한국어판 저작권은 알렉스리에이전시 ALA를 통해 Sourcebooks, LLC사와 독점 계약으로 책세상에 있습니다.
저작권법에 의해 한국 내에서 보호를 받는 저작물이므로 무단 전재와 복제를 금합니다.

지은이 **카라 플로렌스**

생화학자예요. 미국 이오나대학교에서 화학을 공부한 뒤 콜로라도 볼더대학교에서 생화학 박사 학위를 받았어요. 딸 셋과 함께 요리하고 실험하는 것을 즐기며, 어렸을 때부터 과학을 쉽고 친밀하게 느낄 수 있도록 어린이를 위한 책을 쓰고 있어요.

지은이 **존 플로렌스**

정형외과 전문의이자 멋진 두 아이의 아버지예요. 미국 육군 보병 및 특수 부대에서 복무하다가 하버드대학교에서 의학 박사 학위를 받은 뒤 의사의 길을 걷고 있어요. 가족과 함께 숲을 탐험할 때 가장 큰 행복을 느낀답니다.

옮긴이 **정회성**

도쿄대학교 대학원에서 비교문학을 공부하고 성균관대학교와 명지대학교에서 번역 이론을 강의했어요. 지금은 인하대학교 영어영문학과 초빙교수로 재직하면서 번역가로 활동하고 있어요. 《피그맨》으로 2012년 IBBY(국제아동청소년도서협의회) 어너리스트(Hornor List) 번역 상을 받았어요. 옮긴 책으로 《위대한 개츠비》, 《인간 실격》, 《동물 농장》, 《월든》, 《이게 모두 사실이라고?》 등이 있고, 쓴 책으로 《혼자서도 술술 영어 일기 쓰기》, 《책 읽어 주는 로봇》, 《내 친구 이크발》 등이 있어요.

'키즈 유니버시티 시리즈' 사용 설명서

동화책을 읽어 줄 때처럼, 이 책도 열정을 가지고 읽어 주세요. 엄마나 아빠, 선생님 같은 어른들이 관심을 가진다면, 아이들도 그만큼 책에 주의를 기울일 거예요. 아이들이 이해할 수 있도록 도와주면서 호기심을 자극하세요. 과학이 중요하다는 사실을 알려 주세요.

아이들은 때때로 그림에만 흥미를 느끼고, 내용을 이해하지 못해 답답해하며 질문을 쏟아 낼지도 모릅니다. 그러면 가장 먼저 아이를 칭찬해 주세요. 또 함께 풀어 보자고 의욕을 북돋워 주세요. 생각과 질문이 얼마나 중요한 것인지도 얘기도 주시고요. 정답을 알지 못해도 괜찮다고 다독이며, 때로는 답을 찾아가는 과정이 더 재미있다는 것도 알려 주세요. 아이가 던지는 질문에 대한 가장 좋은 대답은 바로 "네 생각은 어떠니?"라고 되묻는 것입니다.

자신의 생각을 잘 표현하는 아이로 성장하려면, 학습이 하나의 과정이라는 사실을 꼭 이해해야 합니다. 성공은 단순히 정답을 맞히는 것 이상의 의미를 갖습니다. 성공이란 질문을 던질 수 있는 용기, 답을 찾아내려는 끈기, 틀렸을 때 다시 일어설 수 있는 회복력을 갖추는 것을 의미합니다. 틀려도 괜찮습니다. 모든 실패는 성공을 향한 걸음이니까요. 이 걸음에서 어른들의 역할은 아이에게 과학을 가르치고 사실을 알리는 것에 그치지 않고, 평생 배움을 이어 나가는 데 필요한 기술과 마음가짐을 깨우치게 하는 것입니다.

크리스 페리